AF554503

COMITÉ DE DÉFENSE ET DE PROGRÈS SOCIAL

Patrie, Devoir, Liberté

A L'ÉCOLE DE LA COOPÉRATION

ET

A L'ÉCOLE DU SOCIALISME

PAR

EUGÈNE ROSTAND

AU SIÈGE DU COMITÉ
54, rue de Seine, 54
PARIS

N° 11.

PUBLICATIONS DU COMITÉ

1. — *Conférences (broch. in-18 à 0 fr. 05).*

N° 1. Pourquoi nous ne sommes pas socialistes, par M. A. Leroy-Beaulieu.
N° 2. L'usage de la liberté et le devoir social, par M. Georges Picot.
N° 3. Le progrès social par l'initiative individuelle, par M. E. Rostand.
N° 4. Le devoir d'aînesse, par M. Paul Desjardins.
N° 5. Le rôle et le devoir du capital, par M. E. Cheysson.
N° 6. Le devoir social de la jeunesse, par M. Charles Wagner.
N° 7. Notre responsabilité devant le mal social, par M. Ollé-Laprune.
N° 8. Les assurances ouvrières et le socialisme d'Etat, par M. Alb. Gigot.
N° 9. L'agriculture et le socialisme, par M. D. Zolla.
N° 10. Le Comité de défense et de progrès social, par M. A. Leroy-Beaulieu.
N° 11. La liberté d'association, par M. Gabriel Alix.
N° 12. La diffusion de la fortune mobilière en France, par M. R.-G. Lévy.
N° 13. Le rôle social de l'écrivain, par M. René Doumic.
N° 14. La coopération, ses bienfaits et ses limites, par M. Mabilleau.
N° 15. Les solutions socialistes et le fonctionnarisme, par M. E. Rostand.
N° 16. Salariés et capitalistes, par M. Daniel Zolla.
N° 17. Voyage social en Allemagne, par M. Georges Blondel.
N° 18. Le rôle social de la colonisation, par M. Joseph Chailley-Bert.
N° 19. Le Vooruit de Gand, par M. J. Van den Heuvel.
N° 20. Les expériences sociales en Australie, par M. Pierre Leroy-Beaulieu.
N° 21. La répression pénale et les intérêts populaires, par M. H. Joly.

2. — *Brochures in-18 à 0 fr. 25 (couronnées dans le Concours de 1895-96).*

A. La propriété est-elle légitime? par M. André Voyard.
B. Les adversaires de la propriété, par M. de Saint-Genis, ancien conservateur des hypothèques.
C. Le principe de la propriété, par M. le pasteur Maurice Constançon.

3. — *Tracts à 1 fr. 50 le cent assortis.*

1. La propriété. — 2. Histoire d'une casquette. — 3. La nationalisation du sol. — 4. Le plus coûteux des gouvernements. — 5. Mes griefs contre le socialisme, par M. Eug. d'Eichthal. — 6. Le budget de l'Etat collectiviste, par M. Maurice Block, de l'Institut. — 7. Socialistes... pourquoi pas? par M. Pajot. — 8. La patrie française et l'internationalisme, par M. Anatole Leroy-Beaulieu, de l'Institut. — 9. Les citations de M. Jaurès et la véracité des socialistes, par M. Paul Leroy-Beaulieu, de l'Institut. — 10. Collectivisme agraire et nationalisation, par le même. — 11. A l'école de la coopération et à l'école du socialisme, par M. Eug. Rostand. — Etc.

A L'ÉCOLE DE LA COOPÉRATION

ET

A L'ÉCOLE DU SOCIALISME

Il est bien intéressant de comparer, au point de vue économique et au point de vue moral, les enseignements de ces deux écoles. Je veux l'essayer.

Et je prendrai pour ma démonstration l'exemple de la coopération de crédit, parce que c'est celle que je connais la mieux.

Supposons-nous devant une association coopérative de crédit qui vient de se former. — C'est dans une ville : des commerçants, de petits patrons d'industrie, des marchands, des employés, des ouvriers ont constitué une banque populaire, souscrivent des parts de 50 francs libérables par acomptes, versent en dépôt quelques épargnes, élisent leur conseil d'administration, apportent à l'escompte le papier représentatif des modestes transactions de leur négoce, reçoivent l'avance nécessaire à l'achat d'un outil de métier. — Ou bien nous sommes dans une commune rurale : des cultivateurs, des petits propriétaires, le maire, le curé de la paroisse, l'instituteur, ont créé une caisse agricole : ils y ont contracté de modiques emprunts pour leur bétail, leurs machines, leurs engrais, leur culture.

Que se passe-t-il? Quelle série de faits s'accomplit? Quel état d'esprit va naître parmi ceux qui se sont rapprochés et groupés? Qu'observe, que pense chacun d'eux?

Cet humble commerçant, ce chétif industriel avaient une certaine capacité professionnelle ; cet artisan, cet ouvrier gagnaient un salaire raisonnable ; les uns et les autres étaient laborieux et de bon vouloir. Il n'en est pas moins vrai que sans ressources acquises, sans réserve monétaire suffisante, sans notoriété, sans relations, ils ne pouvaient s'aider du crédit.

Pourquoi ? Tout simplement parce que la valeur économique représentée par leur travail était exposée à trop de chances, les maladies, le chômage, la mort, pour être acceptée comme une sûreté. Qu'a-t-on fait ? Les valeurs fragiles, précaires, se sont unies : leur faisceau a pris la solidité et la permanence qui leur manquaient quand elles étaient isolées.

Il n'y a pas de professeur pour l'expliquer à notre Coopérateur ; mais d'instinct, il le devine, et la réalité le lui explique mieux que le maître le plus savant, à mesure que joue le système et que les événements se déroulent.

Donc lui — qui manquait de tout crédit, ou qui subissait l'usure sous quelqu'un des modes variés qu'elle revêt à la ville comme à la campagne, — il a obtenu tout naturellement un peu de crédit, et au bon marché qu'implique la coopération.

Comment se l'est-il procurée, cette facilité pour avancer sur sa route escarpée, obscure, étroite ?

L'éducation économique par la coopération.

Il constate que c'est par des actes personnels, accomplis librement, par l'initiative qu'il a prise de susciter une association ou d'y adhérer, par un modeste effort d'épargne, par l'intervention de ce groupe formé d'autres hommes libres comme lui et qui comme lui ont agi dans leur liberté.

Il est entré dans une société de personnes, non de sommes,

où une part suffit à conférer une voix délibérative, où la valeur technique et morale de l'individu, considérée comme un capital latent, détermine l'admission ou l'écart, comme elle déterminera l'acceptation ou le rejet de la signature. Dès lors il a pris conscience de sa valeur économique.

Il a vu que le crédit est simplement une avance de l'épargne, c'est-à-dire du travail accumulé, au travail en mouvement, et que l'épargne étant le fruit de l'activité déployée ou de privations consenties, cette avance ne peut être que volontaire ; ce qui lui a rendu très clair et tout naturel que le crédit ne puisse s'acquérir sans que la confiance soit gagnée, en d'autres termes que le crédit ne *se force* point, mais se *mérite*. Il a senti que l'association a besoin de se procurer elle-même du crédit en se rendant digne de la confiance ambiante par une bonne gestion et par la conduite de ses membres.

Il a vu que tout le fonctionnement de l'association est fondé sur l'épargne, et proscrit tout ce qui est jeu, spéculation de bourse, d'industrie, de commerce. Et d'autre part il a vu que le petit commerce, ou la culture, ou un métier industriel, ou même le simple salaire, laissent, quoi qu'on en dise, une fois les dépenses légitimes satisfaites, un surplus permettant l'épargne, pourvu qu'on la veuille avec courage.

Il a perçu les effets de la force des plus minces économies agglomérées, l'inutilité de les livrer à l'État, et que mieux valait s'en servir. Quelles mauvaises mœurs économiques que les nôtres ! Êtes-vous de ceux qui s'extasient quand les emprunts de l'État sont souscrits vingt fois par des foules avides ? Au lieu de cette recherche fainéante, maniaque, des fonds publics, ne serait-il pas préférable que les épargnes allassent virilement aux vaillantes combinaisons du commerce, aux hardiesses d'une industrie progressiste, à la régénération d'une agriculture rénovant son outillage et ses cadres, à mille emplois moins passifs, moins encourageurs des gaspillages, plus utiles à l'entraînement économique de la nation ?

Eh bien! notre Coopérateur sent le vice de telles habitudes ; et plus perspicace que tant d'autres incurables en leur aveuglement, il travaille pour sa modeste part à réformer ces habitudes, devinant tout ce qu'on peut tirer de l'épargne locale pour s'aider et aider autrui, tout ce qu'elle peut irriguer, vivifier.

Et en discernant les mille avantages d'une décentralisation économique sur le fétichisme d'un État banquier universel, il s'est, sans s'en apercevoir, guéri du mal funeste qui pousse de nos provinces vers un centre surencombré et de nos campagnes dépeuplées vers les villes, il s'est fixé au sol natal.

Cependant l'association dont il est membre suit sa marche. Elle rencontre des difficultés, la pénurie de dépôts ou le réescompte malaisé si elle n'inspire pas assez de confiance, les accrocs ou les pertes si elle est gérée avec inhabileté ou inattention, ou si elle est trompée ; il faut se défendre contre tout cela ; on se défend, on en vient à bout.

Tenu au courant par une publicité périodique ou par les assemblées générales, notre Coopérateur recueille d'incessantes leçons de choses. Il apprend ce qu'exige de capacité, de notions spéciales, d'honnêteté, de zèle, d'expérience achetée lentement, de soins, l'administration d'une affaire, et que l'intelligence est un facteur du succès comme le travail, et que la direction d'une entreprise est un travail au même titre que le travail manuel. Enseignement élémentaire, mais sans prix au temps qui court, car ce sont là des vérités que les flatteries menteuses font perdre de vue dans les milieux populaires,

Ainsi, et à plus forte raison s'il est porté à quelque charge d'administrateur par ses co-sociétaires (car dans les conseils des coopératives de crédit tous les éléments sociaux sont rapprochés), notre Coopérateur s'exerce au maniement des capitaux et du crédit, voit de près ce que sont les affaires et ces sociétés anonymes dont on lui a dit tant de mal.

Il a saisi sur le vif le phénomène de la formation du capital par l'épargne, produit de son travail, à l'état de gouttelette d'abord, puis grossie peu à peu, et par la fructification de cette épargne. Il a compris comme une évidence la légitimité de cet embryon de capital, et de sa force reproductrice par cet intérêt si attaqué : car comment se déciderait-on, en dehors des exceptions fondées sur la famille ou l'amitié, à céder son épargne à titre de prêt, si l'on ne devait recevoir une fraction du gain qu'elle procurera au tiers emprunteur et une prime d'assurance sur le risque qu'on accepte de couvrir ? Moins que tout autre, le chétif capital de l'ouvrier peut se passer d'intérêt. Abolissez l'intérêt, et du même coup tout crédit disparaît. Notre Coopérateur le conçoit d'autant plus nettement qu'il tient à avoir sa part des profits engendrés par les transactions de ses coassociés et par les siennes.

Le crédit étant né sous ses yeux de l'épargne, il s'est rendu compte des transitions insensibles par lesquelles il a passé de l'épargne au crédit. Ainsi s'enracine dans son cerveau l'idée, juste entre toutes et bienfaisante, qu'en ce monde on s'élève degré par degré.

Et cette mutualité de crédit dont il se sert, elle n'est pas elle-même un aboutissement, un terme de route : c'est la seconde étape d'une amélioration très extensible encore, un point d'appui pour accroître son mieux-être en des sens nouveaux par de nouveaux modes de l'association,

Dès lors, comment ne serait-il pas apparu à notre ami le Coopérateur que le capital, loin d'être par essence, par fatalité, une monstruosité contraire et ennemie au travail, sort du travail comme d'une source — et retourne au travail, retourne à sa source pour en élargir, en renforcer, en gonfler le cours?

Et il aperçoit en même temps que lui, coopérateur, il sert le progrès continu, l'évolution économique. Car la coopération réalise mieux qu'un individualisme exclusif et rigoureux l'harmonie nécessaire des forces, ne supprimant pas la concurrence, mais tendant à la transformer en contre-balançant les grandes unités par les petites groupées, éliminant les intermédiaires inutilement onéreux, réduisant le coût du crédit comme le coût des marchandises, mettant en contact prêteur d'argent et emprunteur, ou plutôt confondant l'un et l'autre en un régime où le travailleur devient son propre capitaliste — en un mot améliorant le système individualiste, substituant pour la consommation de capital, comme pour les autres besoins de la vie, l'association à la lutte.

Tout cela, je le dis en termes trop scientifiques. Mais notre Coopérateur l'a compris par les intuitions du bon sens, si sûr dans le peuple tant que les sophistes ne l'ont pas troublé; il l'a appris aux clartés de la raison, et au spectacle des menus faits qui se déroulent quotidiennement sous ses yeux.

Résumons les points successifs de l'analyse très sommaire, assurément incomplète, que je viens d'ébaucher. Récapitulons les enseignements économiques que l'institution coopérative de crédit, à la ville ou à la campagne, a donnés à notre ami le Coopérateur.

Elle lui a enseigné :

la valeur économique du travail;

la puissance de l'initiative, de l'effort individuel libre, fécondé par l'association libre;

la vertu et les mécanismes de la solidarité;

la nature volontaire du crédit et l'obligation de le mériter ; le prix de l'épargne et sa possibilité d'être ;

la force des épargnes agglomérées ; l'erreur de les livrer à l'État au lieu de s'en aider ; les avantages de l'action décentralisée et de l'association locale ;

la pratique des affaires, les difficultés des gestions, l'importance du travail intellectuel ;

la légitimité de l'épargne, c'est-à-dire du capital, et celle de sa fructification, c'est-à-dire de l'intérêt ;

l'harmonie et la fécondation réciproque du capital et du travail ;

l'unique façon saine pour l'homme d'améliorer sa condition, celle qui le fait monter peu à peu, de l'épargne l'élève au crédit, du crédit à une épargne élargie ;

la sûreté de la méthode évolutive pour le progrès social ;

en somme, et à tous les points de vue, le développement de l'activité humaine sans sacrifice pour la liberté, ou plutôt dans l'épanouissement de la liberté.

Les traits essentiels de cet enseignement pour la pratique, ils ont été exposés sous une forme doctrinale, mais vulgarisatrice, appropriée à des auditoires ouvriers, par le plus illustre des organisateurs de la coopération de crédit. Écoutez cette série de préceptes d'or, que je glane dans les admirables cours de Schulze-Delitzsch *Aux ouvriers et artisans de Berlin :*

— « Là où tu ne peux réussir seul, unis-toi à d'autres qui ont le même but. Plusieurs petites forces en forment une grande.

— Le travail et l'épargne peuvent seuls conduire à la formation d'un capital.

— Sans l'intérêt, grâce auquel les capitaux, grands ou petits, se multiplient d'eux-mêmes, comment le capital pourrait-il satisfaire, même imparfaitement, aux exigences de la vie la plus modeste ? Cet intérêt, objet de tant de récriminations insensées, est précisément une source inépuisable de bienfaits.

— Responsabilité et liberté, ce sont les deux colonnes qui soutiennent l'édifice de toute société.

— N'attendez rien que de vous-mêmes. Perfectionnez votre instruction; économisez; mettez vos épargnes en commun; achetez en commun aux prix du gros vos denrées de consommation et vos matières premières; faites-vous ensuite crédit les uns aux autres par le moyen des banques coopératives. Quand par la mise en commun de vos frêles épargnes vous aurez réussi à réunir une somme considérable, vous pourrez fonder des ateliers coopératifs, des sociétés coopératives de production, qui vous permettront d'être tout ensemble ouvriers et patrons.

— Je ne vous entretiendrai que de vos propres efforts, de votre énergie, de la concentration de vos forces individuelles. Je ne suis pas un vendeur d'orviétan; je ne peux que vous montrer les chemins par où il sera possible d'arriver à vous aider vous-mêmes. »

Ah! le noble, le beau, le ferme langage! Que nous aurions besoin de milliers de voix qui le tinssent à notre peuple, au lieu de l'apostolat que poursuivent les propagandistes des socialismes variés!

Car ceux-là, remarquez-le, enseignent, sur chacun des points que nous venons de parcourir, exactement le contraire de ce qu'enseignent nos institutions. Faisons la contre-épreuve, récapitulons comme nous l'avons fait tout à l'heure ce qu'ils enseignent :

L'universalité d'un crédit fourni par l'État;

L'impossibilité de l'épargne, le mot est courant;

La centralisation de toutes les épargnes aux mains de l'État : j'entends encore le cri de M. Pelletan à la tribune de la

Chambre en mai et juin 1892, sa déclaration qu'il rêvait la concentration des milliards de l'épargne dans ce qu'il appelait les *caisses de la démocratie*, et que je nomme, moi, les coffres de l'État ;

Le travail manuel seul facteur de tout ;

L'illégitimité du capital ;

L'injustice de l'intérêt, et par suite la gratuité du crédit universel ;

Le crédit obligatoire, de droit, distribué par l'État infaillible...

Le contraire, vous dis-je, de tout ce qu'apprennent nos institutions. Elles réfutent ces énormes contre-vérités avec plus de puissance encore qu'un Schulze, si persuasif qu'il ait pu être, car rien n'égale comme maîtresse l'expérience personnelle et comme démonstrateurs les faits.

Mais justement parce que notre ami le Coopérateur a passé par une école plus modeste, plus sûre, et plus féconde aussi, celle des institutions de crédit coopératif, il a vu clair dans les rêveries des thaumaturges du crédit; elles n'ont plus de prise sur son cerveau. Il en a senti le vide.

Et il rit de bon cœur en constatant qu'il a conquis avec virilité ce crédit prétendu inaccessible, pendant que les autres attendent et attendront longtemps le crédit populaire universel et gratuit.

L'éducation morale par la coopération.

Les institutions coopératives ne font pas seulement de l'*éducation économique;* elles font aussi de l'*éducation morale*.

Elles enseignent la probité, puisque la moralité dans les affaires et dans la vie (les deux se tiennent de près) est la condition pour être admis et pour se maintenir dans le groupement : puisque la moralité est considérée comme une valeur pour l'appréciation de la signature, valeur dont on a pu appeler la constatation par le crédit la *capitalisation de l'honnêteté* ; puisque la fidélité aux promesses, l'exactitude, le sentiment de l'échéance s'y apprennent ou s'y développent : dans les caisses agricoles, le paysan qui ne s'acquitte pas est l'objet de ce qu'on a spirituellement qualifié l'excommunication civile. J'ai vu cela en Vénétie ; même ceux qui émigrent s'acquittent avant de partir ; celui qui ne rembourserait pas serait radié, déshonoré. C'est l'intérêt même qui, dans les institutions de crédit coopératif, force d'être honnête.

Elles enseignent la modération au gain, presque le désintéressement; car savez-vous que c'est une belle chose, et rare en ce temps, que la limitation voulue, acceptée, des dividendes par les statuts?

Elles enseignent la volonté, la prévoyance, la persévérance, qui seules peuvent procurer par la confiance méritée le crédit. Le réveil de la volonté est si marqué que j'ai vu dans les caisses agricoles de la Vénétie des buveurs renoncer à boire pour entrer dans l'association, et des illettrés apprendre à écrire, on reconnait leurs signatures rudimentaires; on me présenta à Vigonovo un sexagénaire qui avait appris de son petit-fils.

Elles enseignent la responsabilité, que même, sous certaines de leurs formes, elles font accepter, vaillamment, indéfinie.

Et avec ce sens de la responsabilité, le juste orgueil de se suffire, le goût de la liberté, les sentiments virils : je me rappelle, dans les caisses agricoles, des clients du bureau de bienfaisance qui, relevés par un petit prêt, s'étaient fait rayer de la liste des assistés pour devenir sociétaires.

Elles enseignent — par le retour à l'action locale, par la

fierté de l'institution, — fierté passionnée chez les paysans pour leurs caisses agraires, et très sensible parmi les actionnaires des banques urbaines, — l'amour du coin de terre natal, de la petite patrie, moteur le plus efficace de l'amour pour la grande.

Elles enseignent encore la générosité, l'aide réciproque, la fraternité, non la verbale ou la scripturaire, dont nous abusons, mais la pratique. — Rappelez-vous dans les caisses agricoles les collectes pour un camarade gêné entre ces paysans qu'on prétend cupides, et la règle qui affecte le capital collectif indivisible à des œuvres en cas de dissolution. — Rappelez-vous dans les banques populaires urbaines tant de rameaux exquis poussés en tous sens ; les prêts à intérêt réduit ou sans intérêt sur la seule garantie de l'honneur, les services de retraites ou de patrimoine pour les employés, la participation aux bénéfices, les subventions prélevées sur les gains de chaque année à toutes sortes d'œuvres de prévoyance ou de bien social.

Elles enseignent aux plus avancés sur la route le dévoûment, aux moins avancés la confiance, deux biens inestimables.

En haut le dévouement. — Ce sont partout, pour promouvoir ces institutions, des hommes ayant l'instruction, l'aisance, du loisir, et qui mettent cela au service des autres, bravant les obstacles, le scepticisme, les railleries, les critiques, — et ces hommes sont sans visée égoïste, car la popularité, ils le savent d'avance, ils en ont chaque jour la preuve, ira à d'autres, aux intrigants, aux stériles, aux nuisibles, — et sans but de lucre non plus, car l'administration est le plus souvent gratuite. Puis, quand ils ont fondé, ils administrent avec abnégation, sans compter avec leur peine, dans les caisses agricoles par le retour auprès des paysans et la prise en mains de chétives affaires, dans les banques urbaines par le sacrifice si lourd de leur temps aux longues séances quotidiennes d'escompte, aux réunions de conseil, aux assemblées. — Et à ces hommes est apprise cette science que résume l'inscription gravée naguère à Saint-Paul de Londres sur le marbre funèbre de l'un d'eux, Vansittart Neale : *Travailler pour les autres, non pour soi!*

Et en bas, ce qui s'apprend, c'est la confiance... Ah! où donc en est le secret?... Quel est l'écueil de tous les efforts sociaux dans notre pays, quelle cause cachée paralyse la fécondité naturelle de tant d'institutions prospères à l'étranger? Quiconque voit de près notre peuple, et surtout les ouvriers des villes, répondra : la défiance. Rapprochez les hommes les uns des autres : c'est le moyen de tuer cette défiance; et ils le savent trop, ceux dont tout l'art consiste à les éloigner les uns des autres, toute la tactique, là où se tente quelque noble entreprise, à faire le vide autour. Nos institutions rapprochent des hommes de toutes les conditions, non seulement dans le recrutement des sociétés ou les assemblées générales, mais dans l'administration courante : commis et négociants, chefs d'industrie et ouvriers, paysans et propriétaires ruraux s'assoient dans les mêmes conseils, travaillant côte à côte; et par ces fréquents contacts, les malentendus s'évanouissent, les préjugés tombent, la confiance s'apprend.

Ainsi nos institutions enseignent l'union des classes, puisqu'il est clair qu'elle est faite de confiance d'une part, de dévouement de l'autre. Au simple *Aide-toi toi-même*, trop sévère pour bien des hommes, elles ajoutent la leçon d'une harmonieuse dépendance mutuelle et de l'adhésion joyeuse à cette harmonie.

Tous ces enseignements moraux que nous venons de voir jaillir de la coopération de crédit et de ses œuvres, est-il besoin d'ajouter que nous ne les retrouvons pas dans les combinaisons de crédit populaire proposées par le socialisme urbain ou agraire ?

N'est-ce pas le contraire de la liberté, de la responsabilité, de la notion de mérite, pour le crédit du peuple comme pour tout crédit, que la dispensation gratuite et universelle du crédit par l'État?

N'est-ce pas l'inverse de l'effort viril que l'*A quoi bon?* de ces promesses, analogues à celles des réductions de travail sans terme ou des retraites avant l'âge avec des pensions d'État, sorte d'émasculation générale qui tendrait partout où une énergie est en jeu à l'affaiblir, à la remplacer par des subventions chimériques d'État?

N'est-ce pas l'inverse de l'amour du coin de terre natal que la négation plus ou moins voilée de l'idée de patrie, et à plus forte raison l'indifférence à tout le moins pour la petite, dont la notion même devient presque ridicule?

N'est-ce pas le contraire de l'activité en dehors des partis ou des confessions que l'action à objectif politique ou sectaire?

N'est-ce pas le contraire de l'excitation au dévouement des plus instruits ou des plus aisés que le découragement jeté par la suspicion ou l'insulte parmi ceux qu'on englobe tous sous le nom de caste parasitaire ? Et l'inverse de la confiance cordiale des moins aisés ou des moins instruits que le conseil de se défier toujours?

N'est-ce pas l'inverse de l'union des classes, ou plutôt l'inverse de la fusion des classes effacées (car je hais ce mot de classes) dans la solidarité, que la guerre de classes affirmée comme le premier principe ?

Conclusion.

Haute valeur éducative dans l'ordre économique et dans

l'ordre moral, voilà ce que j'ai voulu montrer, faire toucher du doigt, dans la coopération et ses œuvres. Quel intérêt profond dans cette immense question de l'éducation du peuple par le travail, l'aide mutuelle, la prévoyance, les affinités électives de cette liberté d'association qu'il faudra bien un jour ou l'autre faire pénétrer dans nos lois, devancées en ce sens par l'irrésistible indication de nos mœurs!

Peut-être notre démocratie rurale en bénéficiera-t-elle la première. Peut-être — il me semble en entrevoir certains indices — est-il réservé à nos travailleurs ruraux d'apprendre, eux les obscurs, les silencieux, mais les indépendants et les énergiques, à leurs frères des villes que la vérité n'est pas dans les systèmes où les faibles font tomber les forts, mais dans ceux où les forts aident les faibles, leurs mains jointes comme dans le symbole coopératif, à gravir la colline!

Le double rôle éducatif de la coopération et de ses œuvres en est une des attractions les plus attachantes. Et les deux parties de ce rôle se complètent: ou plutôt l'éducation morale réagit sur l'éducation économique, car la condition économique d'un homme s'élève en proportion de sa moralité et de son intelligence, en proportion de sa moralité plus encore que de son intelligence.

Et c'est une beauté comme une gloire pour des institutions de ne pouvoir vivre qu'en répandant un enseignement vrai comme la prévoyance noble comme le sacrifice, généreux comme la solidarité fraternelle, — de ne pouvoir grandir, agir, durer, qu'à la condition d'être des écoles permanentes de vérité économique, et surtout de moralité supérieure!

Eugène Rostand.

PARIS. — IMPRIMERIE F. LEVÉ, RUE CASSETTE, 17.

www.ingramcontent.com/pod-product-compliance
Lightning Source LLC
La Vergne TN
LVHW020521230826
846091LV00008BA/3511

* 9 7 8 2 0 1 6 1 6 5 9 5 9 *